Vo

Kunst u

1. Auflage
ISBN: 978-1-4478-0737-78

Inhaltsverzeichnis

Vorwort

Mit dem Buch „Volkswagen“ möchte ich Ihnen, liebe Leserinnen und Leser, nicht nur eine kleine Freude auf Ihren Reisen machen, ich möchte Sie in Nostalgie schwelgen lassen. Mit diesem einzigartigen Sammlerstück voller Kunstwerke von der Gründung bis zur detaillierten Beschreibung der einzelnen Wagen findet sich fast alles, was Sie über die Marke Volkswagen wissen müssen. Dieses Buch eignet sich aber auch für Quereinsteiger oder als besonderes Geschenk für einen guten Freund oder Freundin. Entdecken Sie die wundervolle Welt von Volkswagen und lassen Sie sich verzaubern. Aber was ist es, was an der Marke Volkswagen so sehr begeistert? Khalil Gibran schrieb: »Was man als Kind geliebt hat, bleibt im Besitz der Herzen bis ins hohe Alter«. Manchmal reicht aber auch nur ein kurzer Moment, den man mit einer schönen Erinnerung verbindet. Vielleicht eine Italienreise mit der Familie in einem T3 Westfalia, oder doch lieber ein Kurztrip zu einen Campingplatz? Eines bleibt gewiss, jeder Volkswagenfan hat eine Geschichte zu erzählen.

An dieser Stelle möchte ich mich bei all denen, die bei meinem Buch „Volkswagen“ mitgewirkt haben, herzlichst bedanken:

Zuerst gebührt mein Dank und Respekt dem Erfinder des Volkswagens Käfer Ferdinand Porsche und allen Beteiligten.

Des Weiteren danke ich den **Fotografen** und **Künstlern** für ihre beeindruckenden Werke.

Mitwirkende Personen

Alex Whitcombe
Anne Weigert
Ewen Gur
Erwin Wurm & Jason Wyche
Harissart
Jason deCaires Taylor
Klaus Trommer
Livio de Marchi
Vicente Cascales
Vrbanus
Yardimci

Malik, Ilan & Mila
Leon Herz
Anis Demiri
Lina & Noah Paetzold
Paolo & Chiara Pepe
Valeria & Claudia Siciliano
Giovanni & Gloria Scivoli
Die Rudi

Mark Fransen
Martin Walter & Jan Bürgermeister
Vladimir Kremer

Der Autor & Künstler

Mein Name ist Mario Grau. Ich bin ein in Baden-Baden geborener Künstler. Bis zu meinem siebzehnten Lebensjahr wuchs ich in Ötigheim auf, danach zog es mich nach Gernsbach, wo ich bis heute als Künstler aktiv bin. Nebenbei eröffnete ich mir ein zweites Atelier in der Nähe Stuttgarts und machte dieses zu meiner Hauptadresse.
Schon seit ich denken kann, bin ich an Kunst und Volkswagen interessiert. Allerdings waren es bis zu meinem Führerschein nur die Spielautos von der Marke Volkswagen, in die ich mich verliebte. Erst durch die Autos in meiner Familie wurde ich richtig auf die Marke VW aufmerksam. Besonders der VW-Käfer hatte es mir angetan. Schon Kinderfilme, die über den Beetle veröffentlicht wurden, haben in mir große Freude geweckt. Mit diesem Buch erfülle ich mir einen Kindheitstraum. Denn ich kann meine beiden Leidenschaften (Kunst und Volkswagen) miteinander verbinden, und gleichzeitig den Lesern ein Stück Geschichte mit auf den Weg geben. 2018 porträtierte ich zum ersten Mal für das VW – Classic Magazin und ließ mir als kleine Erinnerung ein Erinnerungs-Tattoo stechen. Danach wurde im Juni 2022 mein selbstgemalter Bulli in der VW–Classic/Käfer Revue abgelichtet. Und im selben Monat präsentierte ich einige meiner Volkswagenbilder auf einer Gruppenausstellung im Landratsamt Rastatt.

VW CLASSIC.
1/19 Nr. 17
Delius Klasing

VW CLASSIC. 01/22 *Nr. 22*
Delius Klasing

Das Unternehmen

Das Unternehmen Volkswagen AG wird indirekt von den österreichischen Familien Porsche und Piëch kontrolliert. Der Stammvater der Familie Porsche ist der Automobilkonstrukteur Ferdinand Porsche, der 1931 das Unternehmen Porsche in Stuttgart gründete. Luisa Piëch, geb. Porsche, Tochter von Ferdinand Porsche, heiratete 1928 den Wiener Rechtsanwalt Anton Piëch, der von 1941 bis 1945 einer der drei Hauptgeschäftsführer der Volkswagenwerk GmbH war. Bereits seit 2013 bestand die Familie Porsche aus 34 Cousinen und Cousins. Bis heute halten die Familien Porsche und Piëch 53,1 % der Stammaktien der Volkswagen AG. Mittlerweile besitzt die Volkswagen AG 120 Produktionsstandorte auf der ganzen Welt. Zehn bedeutsame Standorte allein in Deutschland. Doch wie kam es eigentlich dazu und wer war Ferdinand Porsche überhaupt?

Ferdinand Porsche

Ferdinand Porsche wurde am 3. September 1875 in Maffersdorf geboren. Er war ein österreichischer, tschechoslowakischer und deutscher Automobilkonstrukteur und Gründer der Firma Porsche in Stuttgart. Ferdinand Porsche war das dritte Kind von Spengler Anton Porsche. Spengler war die damalige Bezeichnung für Klempner. Wir kennen es heute aber unter der Berufsbezeichnung Installateur oder Anlagenmechaniker. Bereits in seiner Jugend zeigte Ferdinand sein außergewöhnliches Talent und installierte in der Spenglerei des Vaters eine elektrische Beleuchtungsanlage. Nach der Volksschule begann er im Betrieb seines Vaters eine Lehre zum Installateur (Spengler) und besuchte die Reichenberger Staatsgewerbeschule. 1903 heiratete Porsche Aloisia Johanna Kaes aus Purschau. Ein Jahr später wurde Tochter Louise geboren und 1909 kam Sohn Ferry zur Welt. Mit 18 Jahren trat Ferdinand Porsche in die Vereinigte Elektrizitäts-AG in Wien ein, wo er vom Mechaniker zum Leiter der Prüfabteilung aufstieg. Während dieser Zeit fiel seine Konstruktion des Radnabenelektromotors auf, was er 1896 patentieren ließ. (Ein Radnabenmotor ist ein Motor, der direkt in ein Rad eines Fahrzeuges eingebaut ist). 1899 wechselte er zu den Lohner-Werken und baute dort noch im selben Jahr sein erstes Elektroauto. Ein Jahr später baute er das erste Fahrzeug mit Allradantrieb, den Lohner Porsche und 1902 das erste Hybridfahrzeug der Welt. Doch für Lohner waren Porsches Forschungen zu teuer, weshalb Ferdinand 1906 zum österreichischen Austro-Daimler wechselte. Dort arbeitete er als Produktionsleiter für die Entwicklung von Personenfahrzeugen. Schon 1908 präsentierte er seinen ersten Flugmotor für Luftschiffe und Flugzeuge. Bis zum Jahr 1923 baute er verschiedenste Rennwagen. Unter anderem den zweisitzigen Sportwagen Sascha. Bis 1922 konnten die Rennwagen von 52 Starts 51 Mal als Sieger durch die Ziellinie gelangen. Als aber die Mittel für Sportwagen stark reduziert wurden, verließ Porsche Austro-Daimler und wechselte 1923 nach Stuttgart, wo er Leiter und Vorstand der Daimler-Motoren-Gesellschaft wurde.

Gründung der Dr. Ing. h. c. F. Porsche GmbH

Im selben Jahr (1923) ließ sich Ferdinand Porsche eine Villa am Feuerbachweg in Stuttgart bauen, die er 1930 mit einer Garagenanlage erweiterte. Dort wurden 1935 drei Prototypen des „KdF-Wagens“ (VW Käfer) gebaut. Obwohl Porsche von einem lebenslangen Arbeitsvertrag ausging, zwang ihn die Wirtschaftslage zu einer Veränderung, weshalb er 1930 Daimler wieder verließ. Daher machte sich Porsche am 1. Dezember 1930 selbstständig und gründete in der Stuttgarter Kronenstraße 24 das Konstruktionsbüro „Dr. Ing. h. c. F. Porsche GmbH“. Zu dieser Zeit gehörten 80 % der Firmenanteile zu Porsche, 10 % gehörten dem Rennfahrer Adolf Rosenberg und die restlichen 10 % seinem Schwiegersohn Anton Piëch. Für einen seiner ersten Aufträge entwickelte das Konstruktionsbüro im Jahr 1931 den Porsche Typ 12 für den Motorradhersteller Zündapp in Nürnberg. Und einige Zeit später entwarf Porsche den Typ 32 für den Fahrrad- und Motorradhersteller NSU. Der Typ 32 zeigte bereits viele Gemeinsamkeiten mit dem VW Käfer. 1934 bekam er dann den Auftrag vom Reichsverband der Automobilindustrie für den KdF-Wagen (Käfer). Ferdinand Porsche ist am 30. Januar 1951 in Stuttgart gestorben und zählte bereits zu Lebzeiten zu einem der beeindruckendsten Automobilhersteller der Welt.

Ursprung

Am 8. März 1934 forderte Adolf Hitler (Reichskanzler) bei der Eröffnung der 24. Internationalen Automobil- und Motorrad-Ausstellung in Berlin ein Fahrzeug, geeignet für die Autobahn, mit eine Dauergeschwindigkeit von 100 km/h. Dazu solle es sparsam im Verbrauch sein, Platz für die Familie haben und unter 1000 Reichsmark kosten. Das Ziel war es, ein Auto für die breiten Schichten der Bevölkerung zu kreieren, weil bis zu dieser Zeit Personenkraftwagen durch den hohen Preis überwiegend in der Oberschicht zu finden waren. Hierfür brauchte man einen kreativen Kopf, um einen Kleinwagen zu konstruieren, weshalb er Ferdinand Porsche beauftragte. Damit gilt Ferdinand Porsche als Urvater des VW Käfer. Aber ein Teil der Idee des VW-Käfer stammte auch von dem Ingenieur Josef Ganz, der wegen seiner jüdischen Herkunft in die Schweiz auswanderte. Nach dem Krieg bekam Ganz immer mehr Probleme, und er führte zahlreiche Prozesse, weshalb er die Schweiz wieder verlassen musste. Nach einem kurzen Aufenthalt in Paris zog er nach Australien, wo er bis zu seinem Tod verweilte.

Am 28. Mai 1937 wurde zur Vorbereitung auf den Bau des VW in Berlin von der Deutschen Arbeitsfront die Volkswagen mbH gegründet. 1938 wurde sie dann in Volkswagenwerk GmbH unbenannt. Danach begann erstmals der Bau des Unternehmens „Vorwerk“ in Braunschweig. Anschließend folgte das eigentliche Werk bei Fallersleben. Die neu gegründete Stadt, die als Sitz des Volkswagenwerkes diente, wurde am 25. Mai 1945 in Wolfsburg unbenannt. Bis dahin hieß die Stadt aber noch Stadt des KdF-Wagens („Kraft durch Freude“) bei Fallersleben. 1960 wurde das Volkswagenwerk GmbH in eine Aktiengesellschaft umgewandelt und 1985 in Volkswagen AG unbenannt. Doch was wissen wir eigentlich über die Stadt Wolfsburg, die den KdF-Wagen baute ?

Wolfsburg

Die Idee zu dem Wappen stammte von Gustav Völker und wurde durch Klaus Grötzinger mit ein paar kleinen Änderungen überarbeitet. Das geschlossene Tor war ursprünglich offen und schwarz mit goldenem Fallgitter. Das Wappen zeigt einen roten Hintergrund auf grünem Rasen. Das Rot steht für die Gemeinde Rothenfelde. Geschützt wird die zweitürmige Burg durch die silbernen Wellenbalken, die den 260 km langen Fluss Aller darstellen. Über dem geschlossenen Tor steht ein goldener Wolf mit blauer Zunge, der nach hinten blickt. Mittlerweile hat Wolfsburg rund 125.000 Einwohner und ist fünftgrößte Stadt in Niedersachsen. Doch ihre Geschichte reicht zurück bis ins Jahr 1302, als sie erstmals als Wolfsburg urkundlich erwähnt wurde. In der Anfangszeit bestand die Wolfsburg aber nur aus einem steinernen Wohnturm. Der heute etwa 23 m hohe Turm ist der älteste erhalten gebliebene Teil der heutigen Anlage. Danach wurde daraus eine mittelalterliche Niederungs- und Wasserburg, die sich Mitte des 15. Jahrhunderts in ein Renaissance-Schloss verwandelte. Das Schloss befindet sich im östlichen Niedersachsen, der Besitz gehört seit 1961 der Stadt Wolfsburg, der nach dem Schloss benannt wurde. Der Burgname Wolfsburg deutet nicht etwa auf Wölfe in der Gegend, sondern auf das Wappentier der Adelsfamilie von Bartensleben. Diese Familie beherrschte ab dem 13. Jahrhundert bis 1742 die Gegend um Wolfsburg. Durch den Tod des letzten männlichen Nachkommens Gebhard Werner von Bartensleben im Jahr 1742 erlosch die Adelsfamilie. Nun aber zurück, oder besser gesagt vor: 196 Jahre später, in das Jahr 1938. In dieser Zeit entstand auch das erste Volkswagenlogo aus den beiden Buchstaben V und W.

Das erste Logo

Die erste Variante zeigt ein von länglichen Fahnen umgebenes Zahnrad, das das Sonnenrad der nationalsozialistische Organisation KdF („Kraft durch Freude“) darstellt.

Bei der zweiten Version handelt es sich um dasselbe Logo, nur ohne die länglichen Fahnen. Der Entwurf stammte von Franz Xaver Reimspieß, der Motorenkonstrukteur bei Porsche war, und von dem Maler und Grafikdesigner Hans Martin Freyer. Nach dem Krieg verboten die Briten diese Art der VW-Logos, weshalb das Unternehmen ein neues konstruierte.

VW-Logo von 1937 - 1939

VW-Logo von 1939 - 1945

VW-Logo von 1945-1948

Nach dem Zweiten Weltkrieg veränderte man das VW-Logo, damit es nicht mehr an die Nazis erinnerte. Über das Logo ist am wenigsten bekannt, da es kaum für die Fahrzeuge verwendet wurde.

VW-Logo von 1948-1960

Der Nachfolger sollte das Wachstum der Automobilindustrie in Deutschland darstellen. Die Designer haben es wieder monochrom gemacht, und auch das V wurde wieder näher an das W gesetzt.

Sparmarken

Der Käfer (damals KdF-Wagen) sollte ursprünglich durch Sparmarken erworben werden. Erwachsene zahlten mindestens 5 Reichsmark pro Woche und Jugendliche 5 Reichsmark pro Monat. Als Beleg bekam man diese Sparmarken, die man dann in ein Heft klebte. War das Heft voll, so hätte man den Käfer bekommen sollen. Doch dazu ist es nie gekommen. Zwar wurde 1938 der Grundstein für das VW-Werk gelegt, doch bis zum ersten VW Käfer vergingen noch einige Jahre. Statt der angekündigten 500.000 Modelle jährlich wurden nur wenige hundert Käfer für die zivile Nutzung gebaut. Schuld war der Ausbruch des Zweiten Weltkriegs. Aus diesem Grund wurde der Kübelwagen Typ 82 für die Wehrmacht hergestellt. Das Geld, das dafür gebraucht wurde, nahm man aus den Taschen vieler Tausender Sparer, die auf den VW Käfer hofften.

VW (Typ 82 / Typ 21)

Name	Kübelwagen
Produktion	1940–1945
Modelle	Typ 82 / Typ 21
Motor	Otto: 1,1 Liter (17,5–18 kW)
Länge	3740 mm
Breite	1600 mm
Höhe	1110–1650 mm
Leergewicht	715–1160 kg

(Zeichnung Digitalart Typ 82 von M.G)

Der VW (Typ 82) oder Kübelwagen wurde auf der Basis des Kraft-durch-Freude-Wagens (Käfer) gebaut. Von 1940 bis 1945 wurden im damaligen Volkswagenwerk bei Fallersleben (Wolfsburg) 50.788 Kübelwagen fabriziert. Der Typ 82 ist ein offener Wagen mit schließbaren Stoffverdeck und umklappbarer Windschutzscheibe. Er hat durch sein geringes Gewicht und den 23,5 PS schwachen Motor trotzdem genügend Kraft, um auch ohne Allrad durch schwieriges Gelände zu fahren. Die Zuverlässigkeit bei allen Wetterbedingungen machte ihn berühmt und beliebt. Das Wort Kübelwagen entstand durch die eingebauten Schalensitze, die man wegen ihrer Wannenform als Kübel bezeichnete. Nach dem Krieg wurde für kurze Zeit der Typ 82 unverändert als Typ 21 aus Restteilen weitergebaut.

Autolexikon

Das Auto von damals hat sich nicht nur optisch, sondern auch technisch immer wieder weiterentwickelt. In diesem Kapitel möchte ich Ihnen die einzelnen Wagen in chronologischer Reihenfolge näher bringen: mit einer Vielzahl selbst gestalteter Kunstwerke mit den wichtigen Informationen der Marke Volkswagen. Von der Geburtsstunde des Käfers bis hin zum VW Lupo ist fast alles dabei bis zur Jahrtausendwende.

Volkswagen 1100 Limousine (Typ 1)

Name	Käfer
Produktion	1938–2003
Modelle	Limousine / Cabriolet
Motor	Otto: 1,1–1,6 Liter (18–40 kW)
Länge	4070–4140 mm
Breite	1540–1585 mm
Höhe	1500 mm
Leergewicht	730–930 kg

(Zeichnung Digitalart Typ 1 von M.G)

Das erste Volkswagen-1100-Standardmodell wurde am 27. Dezember 1945 gebaut. Der Käfer, wie er liebevoll genannt wurde, war mit über 21,5 Millionen Fahrzeugen das meistverkaufte Auto der Welt. Bis er im Juni 2002 vom VW Golf überholt wurde. Er zählte zu den unteren Mittelklassewagen und war mit einem luftgekühltem Vierzylinder-Boxermotor und Heckantrieb ausgestattet. Den VW Käfer nannte man auch gerne Kugel- oder Buckel-Porsche. Im Laufe der langen Bauzeit gab man ihm wegen seines geteilten Heckfensters auch den Namen Brezelkäfer. Im März 1949 wurde die Export-Limousine 1100 A mit verbesserter Ausstattung vorgestellt. 1953 wurde dann das einteilige ovale Heckfenster eingesetzt. Die New York Times hatte aber bereits im Jahr 1938 in einem Artikel zum ersten Mal die englische Bezeichnung Beetle benutzt. Nach dem im Jahr 1950 wachsenden Exporterfolg in die USA schlich sich dann dort der liebevoll gemeinte Name Beetle ein. Die Zahl 1100 ist auf den Hubraum zurückzuführen, was auch so lange funktionierte, wie dieses Modell nicht mehr als 34 PS hatte.

Volkswagen Bus T1 (Typ 2)

Name	Bus, Transporter
Produktion	1950–1967
Modelle	Kleinbus / Kasten & Pritschenwagen
Motor	Otto : 1,1–1,5 Liter (18–32 kW)
Länge	4280–4290 mm
Breite	1750–1800 mm
Höhe	1920–194 mm
Leergewicht	0,86–0,93t
zul. Gewicht	1,75–2,07 t

(Fotografie Digitalart T1 von M.G)

Am 8. März 1950 startete die Produktion des Volkswagens Bulli. Die Idee für den Bulli T1 kam von dem Niederländer Ben Pon, der Fahrzeuge des deutschen Volkswagen-Konzerns ins Ausland exportierte. Nach dem VW Käfer, intern Typ 1, ist der VW-Bus die zweite Baureihe und wurde somit intern Typ 2 genannt. Obwohl der „VW Bus“ schon seit Jahrzehnten mit „Bulli“ betitelt wird, besitzt Volkswagen erst seit 2005 die Markenrechte. Der Name Bulli setzt sich angeblich durch Bus und Lieferwagen zusammen. Der T1 war während seiner Produktion Marktführer und gilt als deutsches Wirtschaftswunder. Aus dieser Idee entstanden die ersten Reisemobile. Den T1 gab es als Kastenwagen, Kombi und Kleinbus. Weitere Ausführungen waren das Sondermodell „Samba“, der Camping Bus von Westfalia und der Pritschenwagen.

VW Karmann-Ghia (Typ 14)

Name	VW Karmann-Ghia
Produktion	1955-1974
Modelle	Coupé / Cabriolet
Motor	Otto: 1,2–1,6 Liter (22–37 kW)
Länge	4140–4280 mm
Breite	1634 mm
Höhe	1330 mm
Leergewicht	820–940 kg

(Fotografie Digitalart Typ 14 von M.G)

Der VW Karmann-Ghia (Typ 14) wurde von 1955 bis 1974 gebaut. Motor und Fahrwerk ähnelten dem VW-Käfer. Die Bodenplatte des Rahmens ist etwas breiter und wurde später auch für andere Modelle verwendet. Unter anderem für den „VW Fridolin" Typ 147. Den Typ 14 gab es auch als Coupé oder Cabriolet mit einem Rechts- oder Linkslenker. Mit „Karmann-Ghia" ist überwiegend der Typ 14 gemeint, während der Typ 34 als „großer Karmann" bezeichnet wird. 1967 bekamen beide Karmann-Typen eine Modellpflege. Und 1970 lief in Brasilien die neue Version Typ TC 145, welche nicht für den Export bestimmt war. Offiziell gab es deshalb dieses Modell in Deutschland nicht, weshalb er hier auch den Wenigsten bekannt ist.

Die Wilhelm Karmann GmbH war ein Automobil- und Karosseriebauunternehmen mit Hauptsitz im Osnabrück. Die Firma wurde am 1. August 1901 von Wilhelm Karmann übernommen. Gegründet wurde die Firma aber von Christian Klages. Karmann fertigte überwiegend Cabriolets und Coupés, startete jedoch im 20. Jahrhundert mit dem Bau von Kutschenwagen. Im Jahr 1913 wurde von Wilhelm Karmann das erste Patent für ein Klappverdeck angemeldet und 1921 bekam er dann seinen ersten Großauftrag aus Berlin. Da nach dem Zweiten Weltkrieg die Firmen zerstört wurden, fokussierte sich Karmann überwiegend, um als Auftragsfertiger und Entwickler für das Volkswagenwerk zu arbeiten. Aber schon im Jahr 1935 wurde Karmann von Ferdinand Porsche beauftragt, die Entwicklung eines Prototypen für einen Volkswagen-Cabriolet zu untersuchen. 1949 unterzeichnete dann Karmann einen Auftrag von Volkswagen für 1000 Cabriolets. (Typ 15). Aus den ursprünglich 1000 Stück wurden dann im Laufe der nächsten 50 Jahre 2.548.765 Fahrzeuge. Wilhelm Karmann starb im September 1952. Das Unternehmen ging danach auf seinen Sohn Wilhelm Karmann Junior über. Wegen der am 8. April 2009 vorläufigen Insolvenz übernahm Volkswagen im Jahr 2011 die Karmann GmbH, die für die Produktion von Presswerkzeugen verantwortlich ist. Und im Juni übernahm Volkswagen auch die kompletten 137 Deponate, um die Sammlung vor der Zerschlagung zu retten.

VW Karmann-Ghia (Typ 34)

Name	VW Karmann-Ghia
Produktion	1961-1969
Modelle	Coupé
Motor	Otto: 1,5–1,6 Liter (34–40 kW)
Länge	4280 mm
Breite	1620 mm
Höhe	1335 mm
Leergewicht	910–940 kg

(Zeichnung Digitalart Typ 34 von M.G)

Der VW Typ 34 ist der große Karmann-Ghia und wurde 1961 als Parallelangebot zum kleinen Karmann-Ghia (Typ 14) veröffentlicht, und zählt deshalb nicht als Nachfolger. Während der Typ 14 auf einem VW-Käfer-Fahrgestell aufgebaut wurde, basiert der Typ 34 auf dem VW Typ3 (VW 1500/1600). Bis zur Veröffentlichung des VW 411 war der große Karmann mit seinen 45 PS der teuerste und schnellste Personenwagen von Volkswagen. Der Typ 34 wurde bei Karmann in Osnabrück gebaut und gegen einen Aufpreis bekam man ihn als Cabriolet. 1964 erschien das Modell 1500 S, das mit zwei Vergasern und höherer Verdichtung ausgestattet war. Da der 54 PS starke S-Motor Superbenzin erforderte, produziert man im Jahr 1966 das Modell 1600. Der Motor lief genau wie bei dem Modell 1500 S mit 54 PS, allerdings brauchte man dafür nur Normalbenzin.

VW Karmann-Ghia TC 145

Name	VW Karmann-Ghia
Produktion	1961-1976
Modelle	Coupé
Motor	Boxer: 1,6 Liter (40 kW)
Länge	4210 mm
Breite	1620 mm
Höhe	1310 mm
Leergewicht	920 kg

(Zeichnung Digitalart TC 145 von M.G)

Der TC 145 wurde 1970 in São Paulo gebaut und war nur für den brasilianischen Verkehr gedacht. Das Werk, das bereits seit 1959 existiert, produzierte eher weniger, weshalb bis 1967 nur 10000 Autos gebaut wurden. Obwohl ein normaler Import nach Deutschland unmöglich war, kam es vor, dass VW-Mitarbeiter bei der Rückkehr aus Brasilien einen TC nach Deutschland mitbrachten. Der Karmann-Ghia TC 145 ist mit einem 54 PS starken Boxermotor ausgestattet. Die Technik stammte wie auch beim Karmann Typ 34 vom VW 1500 und vom VW Käfer. Eine Heizung ist beim TC nicht vorhanden, was wegen des warmen Klimas in Brasilien auch nicht nötig war.

Volkswagen 1500 (Typ3)

Name	Volkswagen 1500
Produktion	1961-1973
Modelle	Limousine / Kombi
Motor	Otto: 1,5-1,6 Liter (33-39,7 kW)
Länge	4225 mm
Breite	1605 mm
Höhe	1465 mm
Leergewicht	880-975 kg

(Fotografie Digitalart 1500 von M.G)

Das Pkw-Modell Typ 3 von 1961 gab es als Kombi (Variant) oder Limousine mit Stufen- oder Schrägheck. Es ähnelte technisch sehr dem VW Käfer und war das erste größere Pkw-Modell von Volkswagen. Der Unterschied zum Käfer war die Pontonkarosserie, die etwas mehr Platz bot. Außerdem hatten alle Versionen durch den beibehaltenen Heckmotor einen vorderen Kofferraum, der größer und besser nutzbar war. Vom Typ 3 war ab 1962 auch ein Karmann-Ghia-Coupé lieferbar, und ab August 1965 dann der VW 1600 TL (Touren Limousine) mit größerem Motor und einem Gepäckraum von 260 Liter. Im Jahr 1967 wurde dann der Volkswagen 1600 E als erstes deutsches Serienauto mit elektronischen Saugrohreinspritzung angeboten.

VW Fridolin (Typ 147)

Name	VW Fridolin
Produktion	1964-1974
Modelle	Kombi / Kastenwagen
Motor	Otto: 1,2-1,3 Liter (25-32 kW)
Länge	3970 mm
Breite	1670 mm
Höhe	1730 mm – 1950 mm
Leergewicht	935 kg

(Zeichnung Digitalart Fridolin von M.G)

Der VW Fridolin ist ein Kleinlieferwagen von Volkswagen, der von 1964 bis 1974 produziert wurde. Da die damaligen Autos für die Post ungeeignet schienen, wurde Volkswagen von der Deutschen Bundespost beauftragt, ein neues Postauto zu bauen. Die Nutzlast im Laderaum beträgt 400 kg und war vom Führerhaus aus zu erreichen. Zusätzlich konnte man den Beifahrersitz unter das Armaturenbrett schwenken, um mehr Platz zu haben. Um die Kosten niedrig zu halten, wurde das Fahrzeug aus anderen Fahrzeugteilen zusammengebaut. Insgesamt wurden in den Westfalia-Werken in Wiedenbrück 6139 Fahrzeuge gebaut. 1201 Exemplare gingen in leicht veränderter Ausführung an die schweizerische Post.

Volkswagen Bus T2 (Typ 2)

Name	Bus / Transporter
Produktion	1967-1979
Modelle	Kleinbus / Kasten & Pritschenwagen
Motor	Otto: 1,6-2,0 Liter (35-51 kW)
Länge	4420 mm-4505mm
Breite	1730 mm-1765 mm
Höhe	1960 mm-2290 mm
Leergewicht	0,98 t
zul. Gewicht	2,25-2,30 t

(Zeichnung Digitalart T2 von M.G)

Der VW T2 war das ab 1967 produzierte Modell und gehörte zu der zweiten Generation der Bus-Reihe. Er wurde bis zum Jahre 1979 im Werk Hannover hergestellt. Der Unterschied zum Vorgängermodell war die durchgehende Frontscheibe und das integrierte Lüftungsgitter für den Innenraum. Den T2 gab es nur mit Heckantrieb. Obwohl unter der Leitung von Gustav Mayer ein T2 mit Allradgetriebe entwickelt wurde, kam dieser erst als T3 unter dem Namen „Syncro" auf den Markt. Westfalia rüstete auch wieder wie beim Vorgängermodell T1 den T2 zum Camperbus auf. Dieser VW T2 Westfalia war dann ab dem Januar 1968 erhältlich. Bis heute ist der T2 das am längsten gebaute Auto in der Automobilgeschichte und wurde von 1967 bis 1979 in Hannover insgesamt 2.533.188 Mal produziert. Der T2 wurde als Kastenwagen, Kombi, Pritschenwagen, Großraum-Holzpritsche, Doppelkabine, Kleinbus und Kleinbus L angeboten.

Volkswagen 411/412 Limousine (Typ 4)

Name	VW 411
Produktion	1968-1974
Modelle	Limousine / Kombi
Motor	Otto: 1,7 Liter (50–59 kW)
Länge	4525 mm-4553 mm
Breite	1635 mm-1650 mm
Höhe	1485 mm
Leergewicht	1,1 t

(Zeichnung Digitalart 412 von M.G)

Der VW Typ 4 wurde von 1968 bis 1974 gebaut. Bis zur Modellpflege im Jahr 1972 hieß die offizielle Version VW 411, danach wurde er in VW 412 unbenannt. Die Limousine mit zwei und später vier Türen war der erste viertürige PKW im Werk Wolfsburg. Die Serienausstattung war im Vergleich zu den anderen VW-Modellen exorbitant und sollte so den höheren Status darstellen. Im Sommer 1969 folgte dann der dreitürige Variant-Kombi. Unterschiede waren eine bessere Motordämmung, runde Doppelscheinwerfer statt der ovalen Einfachscheinwerfer und das VW-Zeichen, das anstatt am Kofferraumdeckel am Frontblech befestigt wurde.

Volkswagen Käfer 1302 S

Name	Käfer 1302 S
Produktion	1970-1972
Modelle	Limousine / Cabriolet
Motor	Boxer: 1,6 Liter (37 kW)
Länge	4080 mm
Breite	1585 mm
Höhe	1500 mm
Leergewicht	870 kg

(Zeichnung Digitalart 1302 S von M.G)

Während das Exportmodell 1100A von 1949 jährlich erneuert wurde, blieb das Standard-Modell (VW 1100) unverändert. 1954 kam dann endlich das neue Standardmodell VW 1200 auf den Markt und 1964 das Exportmodell 1200 A. Im Jahr darauf brachte das Volkswagenwerk den VW 1300 heraus, und 1966 kamen auch schon der VW 1300 A und der VW 1500 auf den Markt. Bis er 1970 von dem Modell VW 1302 abgelöst wurde. Der 1302 war auf dem technischen Höhepunkt der Käfer-Entwicklung in Deutschland. Er besaß einen längeren Radstand, verbesserte Vorderachse und eine Doppelgelenk-Hinterachse, die mit der Einführung an allen Serien-Käfern verbaut wurde. Man konnte wählen zwischen dem VW 1302 mit 44 PS oder den VW 1302 S mit 50 PS. Der Käfer, der bis Sommer 2003 gebaut wurde, ist bis heute mit über 24000 deutschen Straßenzulassungen der beliebteste Oldtimer. Der letzte Käfer aus Wolfsburg lief am 1. Juli 1974 nach 11.916.519 produzierten Exemplaren vom Band.

VW Passat B1 (Typ 32)

Name	Passat B1
Produktion	1973-1980
Modelle	Limousine / Kombilimousine / Kombi
Motor	Otto: 1,3-1,6 Liter (40-81 kw) Diesel: 1,5 Liter (37 kW)
Länge	4200 mm
Breite	1620 mm
Höhe	1360 mm
Leergewicht	880-995 kg

(Zeichnung Digitalart B1 von M.G)

Der Volkswagen Passat B1 ist ein Mittelklassewagen der ersten Generation aus dem Jahr 1973. Der Passat war auch als Kombi Variant (Typ 33) lieferbar und hatte ein Schrägheck. Anfangs wurde der Wagen nur in Wolfsburg produziert und 1974 dann in den USA unter dem Namen Volkswagen Dasher. Der Passat wurde vom Audi 80 B1 abgeleitet, der von dem italienischen Designer Giugiaro designt wurde. Unterschiede zum Audi 80 war die geänderte Heckpartie und die umkonstruierte Hinterachse. Der Passat B1 bekam bis zu seinem Produktionsende im Jahr 1980 zahlreiche technische Neuerungen.

.

VW Golf 1 (Typ 17)

Name	Golf
Produktion	1974-1983
Modelle	Kombilimousine / Cabriolet
Motor	Otto: 1,1-1,8 Liter (37-82 kW) Diesel: 1,5-1,6 Liter (37-51 kW)
Länge	3705 mm
Breite	1610 mm
Höhe	1400 mm
Leergewicht	750-805 kg

(Zeichnung Digitalart Golf 1 von M.G)

Der erste Volkswagen Golf 1 wurde im März 1974 in Wolfsburg produziert. In der Werbung hieß es: „Der neue Volkssport: Golf". Der Golf trat als Nachfolger vom VW Käfer an. Da 1960 die Nachfrage vom VW Käfer zurückging, steckte man große Hoffnung in den Golf 1. Entworfen wurde der Golf vom italienischen Designer Giorgetto Giugiaro. Der Golf GTI, der mit einem stärkeren Motor ausgestattet war, erschien Mitte 1976. Das erste Golf 1 Cabriolet (Typ 155) wurde ab März 1979 in zwei Ausführungen angeboten. Es gab das Cabriolet GLS mit 70 PS und das Cabriolet Gli mit 110 PS. Entwickelt und gebaut wurde es bei Karmann in Osnabrück. Ab September erschien dann der Golf Diesel mit 50 PS und einem sparsamen Verbrauch, was ihn zum sparsamsten Kompaktwagen der 1970er-Jahre machte. Bis dahin waren Dieselmotoren in Kompaktwagen eher nur bei Peugeot vorzufinden. Ab August 1979 wurde dann der vom Golf 1 abgeleitete VW Jetta 1 (Typ 16) als Limousine angeboten.

VW Scirocco (Typ 53)

Name	Scirocco I
Produktion	1974-1981
Modelle	Kombicoupé
Motor	Otto: 1,1-1,6 Liter (37-81 kW)
Länge	3855 mm
Breite	1625 mm
Höhe	1310 mm
Leergewicht	780-855 kg

(Fotografie Digitalart Scirocco von M.G)

Der Scirocco I, der im Frühjahr 1974 in die Produktion ging, bekam man als dreitürigen Sportcoupe mit 4 Sitzen. Die Grundplatte stammte vom Golf I. Bis 2008 wurden 3 Generationen auf den Markt gebracht. Im Oktober 1988 stellte Volkswagen den VW Corrado vor. Ursprünglich sollte der Corrado den 1986 erschienenen Scirocco II ersetzen, wurde aber dann parallel auf den Markt gebracht. Der Name beruht auf dem heißen Wüstenwind, der von der Sahara in Richtung Mittelmeer weht. Die Idee zur Karosserie stammte von dem italienischen Designer Giorgio Giugiaro. Da Giorgio zur gleichen Zeit auch den Alfa Romeo Sprint entwarf, ist es kein Zufall dass sich die beiden Modelle ähnlich sind.

VW Polo 1 (Typ 86)

Name	Polo I
Produktion	1975-1981
Modelle	Kombilimousine
Motor	Otto: 0,8 Liter (29-44 kW)
Länge	3512 mm
Breite	1560 mm
Höhe	1344 mm
Leergewicht	685-700 kg

(Zeichnung Digitalart Polo 1 von M.G)

Der erste Volkswagen Polo kam 1975 auf den Markt. Der Name Polo wurde an die Sportart angelehnt und sollte so einen Bezug zum VW Golf herstellen. Er war ein dreitüriger Kleinwagen mit Schrägheck. Die Stufenheckvariante als VW Derby erschien 1977. Die Basisausführung war zunächst äußerst sparsam ausgestattet, weshalb im August 1978 der besser ausgestattete Polo GLS erschien. 1979 erhielt der Polo ein Facelifting und kam mit einem leistungsstärkeren Motor als VW Polo GT auf den Markt.

VW Caddy (Typ 14D)

Name	Caddy
Produktion	1978-1992
Modelle	Pick-up
Motor	Otto: 1,5-1,8 Liter (51-70 kW) Diesel: 1,6 Liter (40 kW)
Länge	4370 mm
Breite	1640 mm
Höhe	1430 mm 1905 mm
Leergewicht	1,08 t

(Fotografie Digitalart Caddy von M.G)

Der Caddy wurde 1978 vorgestellt und von 1979 bis 2007 gebaut. Er wurde als Nachfolger des VW Fridolin veröffentlicht und war ein zweisitziger Pritschenwagen, der vom VW Rabbit (US Variante vom Golf 1) abgeleitet wurde. Ursprünglich war er nur für den nordamerikanischen Markt konzipiert. In Europa tauchte der Caddy erst im Jahr 1983 bei der Firma TAS in Sarajevo (Bosnien) auf. Bis auf ein paar kleine äußerliche Änderungen wurde er fast baugleich gefertigt. Der Bosnienkrieg beendete die Produktion des VW Caddy im Jahr 1992, jedoch wurde er in Südafrika bis zum Modelljahr 2007 weiter produziert. Der VW Caddy wurde gerne als Postauto und Wohnmobil genutzt und gilt bis heute als sehr beliebtes Umbauobjekt.

Volkswagen T3 (Typ 2)

Name	Bus / Transporter
Produktion	1979-1992
Modelle	Kleinbus / Kasten & Pritschenwagen
Motor	Otto: 1,6-2,1 Liter (37-82 kW) Diesel: 1,6-1,7 Liter (37-51 kW)
Länge	4570 mm-4637 mm
Breite	1844 mm-1870 mm
Höhe	1735 mm-2085 mm
Leergewicht	0,61-1,24 t
zul. Gewicht	2,0-2,7 t

(Zeichnung Digitalart T3 von M.G)

Die dritte Generation wurde von 1979 bis 1992 produziert und war die letzte Transporter-Baureihe mit Heckantrieb und luftgekühltem Heckmotor. Ab 1982 wurden die Modelle mit Ottomotor von Luft- auf Wasserkühlung umgestellt. Der T3 war der erste neu entwickelte Transporter, denn der T1 hatte noch einen Käfer-Motor (Typ 1) und Teile vom Kübelwagen (Typ 82), und der T2 war nur eine größere Version zum T1. Neben der kantigen Karosserie hatte der T3 nicht nur viele technische Neuerungen, sondern war auch deutlich geräumiger. Und obwohl der T3 durch sein größeres Volumen und Wagenlänge an Gewicht zunahm, wurde die Motorleistung unverändert vom Vorgänger übernommen. Den Transporter gab es auch als Pritschenwagen (Typ 245), Kastenwagen (Typ 251), Kombi (Typ 253), Bus und Bus L (Typ 255). Ende 1984 erschien das Modell „Syncro“ mit Allradantrieb und 1985 der neu eingeführte „Multivan“. Die VW-Campingbusse (Westfalia) kamen als Camping, Joker, Club-Joker, California und Atlantic auf den Markt.

VW Jetta I (Typ 16)

Name	Jetta I
Produktion	1979-1984
Modelle	Limousine
Motor	Otto: 1,1-1,8 Liter Diesel: 1,5-1,6 Liter
Länge	4195 mm
Breite	1610 mm
Höhe	1410 mm
Leergewicht	805-890 kg

(Fotografie Digitalart Jetta I von M.G)

Ab August 1979 wurde in Wolfsburg der VW Jetta produziert. Die kompakte Limousine war eine Ableitung vom Golf I (Typ 17). Im Gegensatz zum Golf I waren die Scheinwerfer rechteckig statt rund. Der Jetta hatte eine bessere Serienausstattung und ein größeren Kofferraumvolumen. Man bekam ihn als Zwei- oder Viertürer. In Deutschland bezeichnete man den Jetta oft als Rucksack-Golf. Das Design stammte, wie auch beim Golf I, von dem italienischen Designer Giorgetto Giugiaro. Wegen der Vorschriften in den USA wurden dort die rechteckigen Scheinwerfer mit getrenntem Abblend- und Fernlicht ausgeliefert. 1980 wurde dann der Jetta GLI vermarktet, der viele Merkmale des beliebten Golf GTI besaß. Zusätzlich bekam man ihn auch in drei verschiedenen Cabrio-Varianten.

VW Passat B2 (Typ 32B)

Name	Passat B2
Produktion	1980-1988
Modelle	Limousine / Kombi / Kombilimousine
Motor	Otto: 1,3-2,2 Liter (40-103 kW) Diesel: 1,6 Liter (40-59 kW)
Länge	4435 mm-4540 mm
Breite	1685 mm
Höhe	1385 mm
Leergewicht	845kg

(Zeichnung Digitalart B2 von M.G)

Der Passat B2 der zweiten Generation wurde im Oktober 1980 als Mittelklasse-PKW angeboten. 1981 erschien dann der in Deutschland populäre Kombi Variant und die dreitürige Schrägheck-Limousine. Ab September kam mit besserer Ausstattung der VW Santana auf den Markt. Der B2 basierte auf dem Konzept des Passat B1. Allerdings war er als Kombi ganze 30 cm länger und 7cm breiter als sein Vorgänger. Ab August 1982 präsentierte Volkswagen einen Dieselmotor mit Abgas-Turbolader und 1984 den mit Allrad angetriebenen Passat Variant Syncro. Der Passat wurde in verschiedenen Sondermodellen angeboten. Es gab ihn als Tramp, Trophy, Trend, TA-Passat, Topic, Carat und Arena. Dazu kamen auch noch viele Ausstattungsmöglichkeiten. Der Passat wurde bis 1988 in Emden und Brüssel produziert, wo er dann von seinem Nachfolger B3 abgelöst wurde.

VW Polo II (Typ 86c)

Name	Polo II
Produktion	1981-1994
Modelle	Kombilimousine / Limousine / Kombicoupé
Motor	Otto: 1,0-1,3 Liter (29-85 kW) Diesel: 1,3-1,4 Liter (33-35 kW)
Länge	3655 mm-3725 mm
Breite	1570 mm
Höhe	1325 mm-1350 mm
Leergewicht	725-830 kg

(Zeichnung Digitalart Polo II von M.G)

Der Polo II wurde von 1981 bis 1994 gebaut, und es gab ihn nur als Dreitürer mit Steil- oder Schrägheck. Auffälligste Eigenschaft war das Dreieckfenster, das sich schräg nach außen stellen lässt. Die Komfortausstattung war wie schon beim Polo I sehr sparsam gehalten, weshalb er gegen Ende der Bauzeit nicht mehr zeitgemäß war. Trotzdem war es sehr beliebt bei Fahranfängern, denn er war äußerst robust und preiswert. Leistungstechnisch konnte man zwischen Ottomotoren von 40 PS bis 115 PS und Dieselmotoren von 45 PS bis 48 PS wählen.

VW Golf II (Typ 19E)

Name	Golf II
Produktion	1983-1992
Modelle	Kombilimousine
Motor	Otto: 1,3-1,8 Liter (40-155 kW) Diesel: 1,6 Liter (40-59 kW)
Länge	3985 mm-4040 mm
Breite	1665 mm-1680 mm
Höhe	1415 mm
Leergewicht	0,8 -1,1 t

(Zeichnung Digitalart Golf II von M.G)

Der Golf 2 wurde zwischen August 1983 und Dezember 1992 gebaut. Man bekam ihn wie schon das Vorgängermodell als drei- und fünftürige Schräghecklimousine. Unterschiede zum Golf 1 waren die Außenabmessungen und die Leistung. Ein Golf II-Cabrio-Ableger wurde nicht entwickelt, daher blieb das Cabrio unverändert. Allerdings gab es wie auch schon beim Vorgänger eine Stufenhecklimousine, basierend auf dem Golf 2. Dieses Modell wurde 1984 als VW Jetta II veröffentlicht. Der Golf 2 war auch das erste Auto von VW, das durch Montage mit Industrierobotern gebaut wurde.

VW Scirocco II

Name	Scirocco II
Produktion	1981-1992
Modelle	Kombicoupé
Motor	Otto: 1,3-1,8 Liter (44-102 kW)
Länge	4050 mm
Breite	1625 mm
Höhe	1230 mm
Leergewicht	830-970 kg

(Zeichnung Digitalart Scirocco II von M.G)

Der Scirocco II löste 1986 den Scirocco I ab und basiert auf der Technischen Basis des Golf 1 Sportcoup**é.** Obwohl der Scirocco I bis 1992 gebaut wurde, kam 1988 parallel zum Scirocco II der VW Corrado raus. Zusätzlich bekam man den Scirocco II als Sondermodell GTS , GTI und Gli. Wegen einer Windkanalstudie bekam der Scirocco II weicher fließende Linien anstatt der Kanten wie beim Scirocco I. Die Front wurde auch sehr flach gehalten und der Heckbereich bekam zusätzlich einen Spoiler für erhöhten Abtrieb. Wie beim Vorgängermodell machte der Designer Giugiaro einen weiteren Entwurf, der allerdings abgelehnt wurde. Dank der 16,5 cm größeren Wagenlänge und der inneren Einbuchtungen hat man mehr Platz im Gepäck- und Innenraum.

VW Corrado (Typ 53i)

Name	Corrado
Produktion	1988-1995
Modelle	Sportcoupé
Motor	Otto: 1,8-2,9 Liter (79-140 kW)
Länge	4030 mm
Breite	1674 mm
Höhe	1318 mm
Leergewicht	1115-1284 kg

(Zeichnung Digitalart Corrado von M.G)

Der VW Corrado wurde von 1988 bis 1995 als Sportcoupé hergestellt. Während der Scirocco II noch auf dem Golf I basiert, beruht die technische Basis des Corrado auf den Golf II. Den Corrado bekam man auch als Modell G60 mit 225km/h Höchstgeschwindigkeit. Damals der schnellste gebaute VW aus einer Serienfertigung, wurde er mit dem doppelt so teuren Porsche 944 verglichen. Die Ausstattung war außergewöhnlich, sowie der Komfort und die Platzverhältnisse.

VW Passat B3 (Typ 312 =Limousine, 315 =Variant)

Name	Passat B3
Produktion	1988-1993
Modelle	Limousine / Kombi
Motor	Otto: 1,6-2,8 Liter (53-128 kW) Diesel: 1,6-1,9 Liter (50-59 kW)
Länge	4575 mm
Breite	1705 mm
Höhe	1430 mm-1500 mm
Leergewicht	1130-1380 kg

(Zeichnung Digitalart B3 von M.G)

Der Nachfolger des B2 wurde 1988 als Limousine vorgestellt und 2 Monate später als Kombimodell Variant. Der Passat B3 ist der erste Volkswagen mit Bügeltürgriffen und eingeklebter Front- und Heckscheibe. Außerdem hatte er eine relativ gute Sicherheitsausstattung. Auf Wunsch bekam man den Passat auch als Syncro (Allradantrieb) anstatt des serienmäßigen Frontantriebs. Durch die quer eingebauten Motoren durften diese nicht länger sein als ein Vierzylinder. Aus diesem Grund war, wie auch schon bei Vorgängern, kein Fünfzylinder möglich. Ab der Entwicklung eines VR-Motors konnten dann auch Sechszylinder eingebaut werden. Ab 1992 wurde der Passat B3 auch mit Airbag angeboten.

VW T4 (Typ 7D)

Name	Bus / Transporter
Produktion	1990-2003
Modelle	Kleinbus / Kastenwagen / Pritschenwagen
Motor	Otto: 1,8-2,8 Liter (49-150 kW) Diesel: 1,9-2,5 Liter (44-111 kW)
Länge	4707-5107 mm
Breite	1840 mm
Höhe	1940-2430 mm
Leergewicht	1,6 t

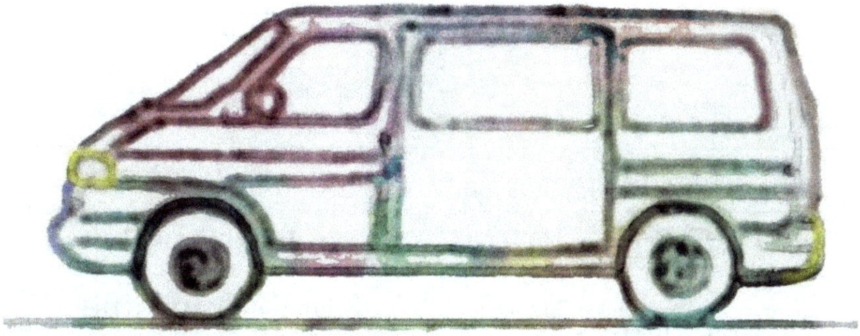

(Zeichnung Digitalart T4 von M.G)

Der T4 Typ 7D (intern Typ 70) wurde 1990 auf den Markt gebracht. Ab dem Modell T1 bis T3 hieß die interne Bezeichnung noch Typ 2. Er war das erste Modell, das mit zwei verschieden langen Radständen und Karosserien erhältlich war. Der neue Antrieb mit quer eingebautem Reihenmotor und Frontantrieb sorgt für eine freie Ladefläche. Mit der neuen Konstruktion geht die Ära des Heckmotors und Hinterradantrieb zu Ende. 1992 wurde der T4 zum „Van of the Year" gewählt. Der T4 wurde als Transporter mit Aufbauten in zahlreichen Ausführungen angeboten. Da der T3 Syncro noch produziert wurde, kam der T4 Syncro erst 1993 auf den Markt. Unter anderem gab es den T4 auch als Caravelle, Caravelle GL, Multivan, California, und in vielen weiteren Modellen. Auch die Motorvariante wurde in verschiedenen Ausführungen angeboten. Ab 1995 gab es dann auch den T4 als (TDI) Turbo Diesel.

VW Golf III (Typ 1H)

Name	Golf III
Produktion	1991-1997
Modelle	Kombilimousine / Kombi / Cabriolet
Motor	Otto: 1,4–2,9 Liter (44–140 kW) Diesel: 1,9 Liter (47–81 kW) Elektro: 17,6 kW
Länge	4020 mm
Breite	1695 mm-1710 mm
Höhe	1405 mm-1425 mm
Leergewicht	960-1380 kg

(Zeichnung Digitalart Golf III von M.G)

Der Golf III wurde von 1991 bis 1997 insgesamt 4.805.900 Mal gebaut. Die Konstruktion ähnelte sehr seinem Vorgängermodell. Länge und Breite blieben mit minimalen Abweichungen gleich. Der Golf 3 überzeugte durch sein stark abgerundetes Design von Gert Volker Hildebrand (Automobildesigner). Besonderes Merkmal waren die mandelförmigen Scheinwerfer. Das Fahrzeug bot durch die Verstärkung seiner Fahrgastzellen und Türen mehr Sicherheit. Dazu waren mit dieser Modellreihe erstmals Airbags verfügbar. Mitte 1993 war der Golf 3 als Kombi Variant erhältlich und im Sommer als zweites Golf Cabriolet. Dazu kamen die Ausstattungsvarianten CL, GL, GT, GTS, GTI und VR6. Mit dem VR6 war zum ersten Mal ein Sechszylindermotor in einem Kompaktwagen verfügbar und bei allen Modellen ab 64 PS eine Servolenkung vorhanden.

VW Passat B4 (Typ 3A)

Name	Passat B4
Produktion	1993-1997
Modelle	Limousine / Kombi
Motor	Otto: 1,6-2,9 Liter (55-135 kW) Diesel: 1,9 Liter (55-81 kW)
Länge	4595 mm-4605 mm
Breite	1720 mm
Höhe	1430 mm-1445 mm
Leergewicht	1,2-1,5 t

(Zeichnung Digitalart B4 von M.G)

Der neue Passat B4 wurde im Herbst 1993 vorgestellt. Trotz der Orientierung am Vorgängermodel hatte er zahlreiche Erneuerungen. So wurde wieder ein richtiger Kühlergrill eingebaut, anstatt des runden Nasenloches wie beim Vorgängermodell, und die vorderen Blinker wurden in den Stoßfänger integriert. Aber auch das Heck wurde optisch überarbeitet. Da die Forderung nach dem serienmäßigen Einbau von Airbags immer größer wurde, konstruierte Volkswagen als einer der ersten Autohersteller Airbags für die Mittel- und Komfortklasse. Somit gehörten sie zur serienmäßigen Ausstattung in Deutschland. Der B4 wurde im VW-Werk Emden und Bratislava gebaut, und man bekam ihn als Limousine oder Variant.

VW Polo III (Typ 6N)

Name	Polo III
Produktion	1994-2001
Modelle	Kombilimousine / Limousine / Kombi
Motor	Otto: 1,0-1,6 Liter (33-92 kW) Diesel: 1,4-1,9 Liter (42-81 kW)
Länge	3715 mm
Breite	1655 mm
Höhe	1420 mm
Leergewicht	0,8-1,1 t

(Zeichnung Digitalart Harlekin von M.G)

Der Polo III (Typ 6N) wurde ab 1994 und ab 1999 der Polo III (Typ 6N2) in Wolfsburg produziert. Es gab ihn als Drei- und auch als Fünftürer mit quer eingebautem Otto- oder Dieselmotor und Frontantrieb. Im Jahr 1995 kam die Stufenheckversion als Modell „Classic“ und im Jahr 1997 der Kombi als Modell „Variant“ auf den Markt. Die dritte Generation war völlig neu entwickelt worden. Das verbesserte Modell war mit einem Fahrer- und Beifahrerairbag und Gurtkraftbegrenzern ausgestattet. Das Besondere an diesem Modell war die Vielzahl an austauschbaren Teilen mit dem Golf III und dem Seat Ibiza II. Aber besonders bekannt geworden ist der Polo III, als das vierfarbige Modell „Harlekin“ (Kunstfigur) auf den Markt kam. Was anfangs nur als Werbeaktion mit 20 Fahrzeugen gedacht war, endete 1997 mit 3806 ausgelieferten „Harlekin“-Modellen.

VW Golf IV

Name	Golf IV
Produktion	1997-2003
Modelle	Kombilimousine / Kombi / Cabriolet
Motor	Otto: 1,4-3,2 Liter (55-177 kW) Diesel: 1,9 Liter (50-110 kW)
Länge	4149-4397 mm
Breite	1735 mm
Höhe	1439-1485 mm
Leergewicht	1-1,5 t

(Zeichnung Digitalart GTI IV von M.G)

Die vierte Baureihe wurde von 1997 bis 2003 gebaut. Die Standards wurden höher, denn VW setzte auf elektrolytisch verzinktes Blech, das 12 Jahre Garantie gegen Durchrostung zusichert. Außerdem wurden Vibrationen des Motors durch eine neuartige obenliegende Motoraufhängung mit mittiger Pendelstütze am Wagenboden verringert. Unter anderem bekam man den Golf IV auch als Kombilimousine, Kombi und Cabriolet. 2001 wurde zum 25-jährigen Jubiläum das GTI Sondermodell vorgestellt. Durch sein eigenständiges Spoilerpaket mit den abgedunkelten Frontscheinwerfern und dem Sportendtopf mit 90-mm-Endrohr hob es sich von den anderen Modellen ab. Das Jubiläumsmodell war auf 3.000 Exemplare limitiert und war mit einer gesteigerten Motorleistung von 180 PS und den 18“ BBS Leichtmetallfelge ein wahres Schmuckstück.

New Bettle (Typ 9c)

Name	New Bettle
Produktion	1997-2010
Modelle	Kombilimousine / Cabriolet
Motor	Otto: 1,4-3,2 Liter (55-165 kW) Diesel: 1,9 Liter (66-77 kW)
Länge	4129 mm-4148 mm
Breite	1721 mm
Höhe	1498 mm
Leergewicht	1,2-1,3 t

(Zeichnung Digitalart New Beetle von M.G)

Der New Beetle, der in Deutschland oft nur mit Beetle betitelt wird, ist als Retrodesign an den VW Käfer angelehnt worden. Somit war Volkswagen einer der ersten Hersteller, die 1997 ein Fahrzeug im Retrodesign auf den Markt brachte. Im Jahr 1999 wurde von VW Motorsport 40 New Beetle umgebaut für den geplanten „New Beetle Cup". 2003 erschien dann das New Beetle Cabrio, das auch viele Merkmale des VW Käfers besitzt. Produziert wurde der New Beetle in der Mexikanischen Stadt Puebla. 2001 kam die stärkste Serienversion als New Beetle „RSi" (Rennsport injection) auf den Markt. Das Modell, das 224 PS Leistung besitzt, wurde auf 250 Stück limitiert und ist dem New Beetle Cup nachempfunden.

VW Lupo

Name	Lupo
Produktion	1997-2005
Modelle	Kombilimousine
Motor	Otto: 1,0-1,6 Liter (37-92 kW) Diesel: 1,2-1,7 Liter (44-55 kW)
Länge	3527 mm
Breite	1639 mm
Höhe	1459 mm
Leergewicht	0,8-1 t

(Zeichnung Digitalart Lupo von M.G)

Der Lupo, der 1998 in die Produktion ging, zählte zu dem ersten Kleinstwagenmodell der Marke VW. 1997 hatte Seat bereits den baugleichen Arosa veröffentlicht. Ab 1999 brachte VW den Lupo als Dieselversion auf den Markt. Wegen seines geringen Verbrauchs von 2,99 Liter auf 100 km wurde er als 3-Liter-Auto vorgestellt. Verfügbar war der Lupo nur als 3-Türer mit 4 oder 5 Sitzplätzen. Der kleine Kofferraum ließ sich durch Umklappen der Sitzbank vergrößern. Das Wort Lupo stammt aus dem Italienischen und bedeutet Wolf. Der Name soll auf das Werk in Wolfsburg anspielen. Unter anderem konnte man den Lupo in den Ausstattungen Basis, Comfort und GTI bestellen.

Berühmte Künstler

Volkswagen findet man auf der ganzen Welt. In diesem Kapitel möchte ich Ihnen berühmte Künstler und ihre zur Verfügung gestellte Volkswagenwerke präsentieren. Vertreten sind Gemälde, Holzarbeiten, Modelle Marke Eigenbau, Schweißarbeiten und Betongießerei. So könnten die Arbeiten der Künstler nicht unterschiedlicher sein, haben dennoch alle eine tolle Gemeinsamkeit. Die Leidenschaft zu Volkswagen. Faszinierende Werke mit Liebe zum Detail. Ob Sie sich nun entscheiden, mit dem Käfer über Venedigs Flüsse zu treiben oder doch lieber eine Wurst am Hot Dog Bus in den USA essen, Freude wird man dabei mit Sicherheit haben.

Künstler: Alex Whitcombe / Skulptur: T1 / Ort: Vancouver

Künstler/in: Anne Weigert / Gemälde: Golf / Ort: Salzgitter Bad

Künstler: Ewen Gur / Gemälde: T2 / Golf 1 / Ort: Berlin

Künstler: Erwin Wurm / Skulptur: Hot Dog Bus 2015 / Ort: USA / Fotograf: Jason Wyche

Artist: Harissart / Skulptur: Mailbox / Ort: Frankreich

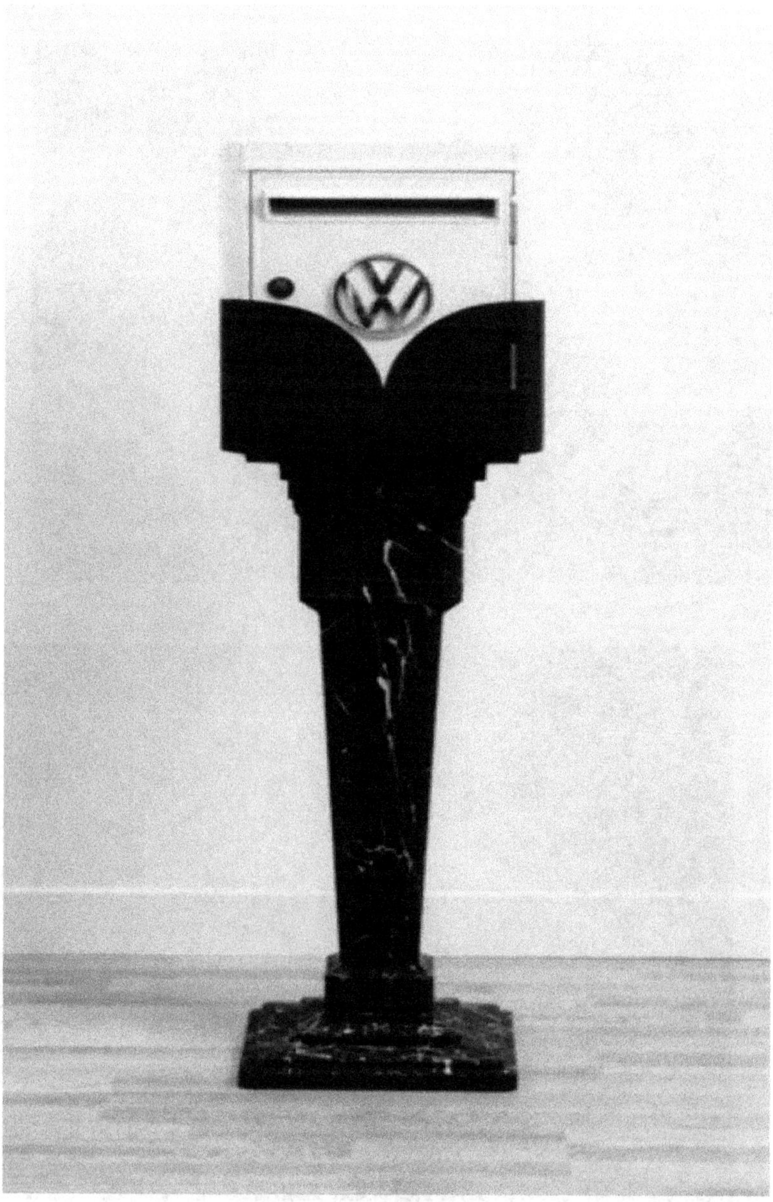

Künstler: Jason deCaires Taylor / Skulptur: Anthropocene / Ort: Museo Subacuático de Arte / Cancun, Mexico

<u>Künstler: Klaus Trommer / Illustration: VW 1600 TL</u>
<u>Ort : Gelsenkirchen</u>

Künstler: Livio de Marchi / Skulptur: Beetle / Ort: Venezia

Venezia, automobile di Livio de Marchi
(c) Mark Edward Smith - Venezia

Künstler: Vrbanus / Skulptur: Beetle / Ort: Kroatien

Künstler: Vicente Cascales / Gemälde: T2/Käfer / Ort: Spanien

Künstler: Yardimci / Skulptur: VW / Ort: Weingarten

Fotografien

Fotografien ähneln sehr der Malerei. Wir versuchen einen besonderen Moment auf einem Bild festzuhalten und möchten diesen in faszinierender Form wiedergeben. Jedes Bild erzählt dabei seine eigene Geschichte. Ob ein kurzer Ausflug mit der Mama, ein einzigartiges Sammlerstück, oder eine tolle Entdeckung im Wald. Jedes Bild hat etwas Einzigartiges. In diesem Abschnitt möchte ich Ihnen diese besonderen Fotografien von Privatpersonen aus der ganzen Welt zeigen. Versuchen Sie sich einfach mal vorzustellen, was auf diesen Aufnahmen passiert sein könnte, und lassen Sie sich verzaubern.

Foto: Privat / Skulptur: Familienporträt / Ort: Deutschland

Mark Fransen / @happinessishere.vw / T2 / Niederlande

Martin Walter / T1 / Deutschland / Foto : Jan Bürgermeister

VW Bus T1, Typ 23 , Fernreisemobil, Einzelstück, Mai 1956

Martin Walter mit seinem Brezelkäfer Typ 11

„Zwitter“ -Modell, Dezember 1952. Foto : Ralf Joachim Kraft

VW Typ 15

Karmann Cabriolet, Juni 1957. Foto : Martin Walter

Vladimir Kremer / T 2 / Brasilien

Archivbilder Volkswagen AG

Käfer in Reihe / 1950 / Werk Wolfsburg

Transporter in Reihe / 1953 / Werk Wolfsburg

VW Transporter T1 / Wolfsburger Stadtbild / Schachtweg / 50er

Käfer im
Kreis
Gifhorn
1954

Transporter T1 / Wolfsburger Stadtbild / Heinrich-Heine-Straße

Käfer auf dem Klieversberg in Wolfsburg 1956

VW-Neunsitzer Sondermodell, 1960er Jahre

VW Malerei

Die Marke Volkswagen lebt auch in unseren nachkommenden Generationen weiter. Es erfüllt mich mit Stolz, euch einige Werke talentierter Künstler und Künstlerinnen zu präsentieren. Ich finde es sehr beeindruckend, aus wie vielen unterschiedlichen Erlebnissen sie sich für die Marke Volkswagen entschieden haben. Sei es durch die Familien, die ihren Kindern etwas Auto-Kultur mit auf dem Weg geben möchten, oder fängt es mit einem Spielzeug an, das sich nach dem Führerschein in die Realität umwandelt. So viele besondere Menschen, die sich nicht kennen, aber dennoch ein starke Verbindung zueinander haben.

Claudia Siciliano, 36 Jahre alt, aus Mirabella. (Malstift auf Papier)

„Ich zeichne gerne."

Valeria Siciliano, 18 Jahre alt, aus Mirabella. (Malstift auf Papier)

„Ich fahre gerne mit meiner Familie an das Meer.“

Die Rudi, 43 Jahre alt, aus Thüringen. (Fineliner auf Papier)

„Ich freue mich auf den nächsten Campingurlaub.“

Paolo Pepe, 8 Jahre alt, aus Herrenberg. (Malstift auf Papier)

„Ich will auch mal einen VW."

Chiara Pepe, 13 Jahre alt, aus Herrenberg. (Malstift auf Papier)

„Der Golf sieht cool aus."

Lina Paetzold, 7 Jahre alt, aus Baden. (Malstifte auf Papier)

„Mein Papa fährt einen Volkswagen.“

Noah Paetzold, 10 Jahre alt, aus Baden. (Malstifte auf Papier)

„Ich spiele gerne mit meinen VW-Autos.“

Malik, 5 Jahre alt, aus Marburg. (Filzstift auf Papier)
„Ich mag die kleinen VWs, weil die so süß und klein sind.“

Ilan, 8 Jahre alt, aus Marburg. (Filzstift auf Papier)
„Ich mag an VW, dass sie so coole alte Autos haben. Manche Käfer haben so schöne Farben. Ich mag Rot oder Grün.“

Mila, 10 Jahre alt, aus Marburg. (Filz und Malstift auf Papier)
„Ich mag alte Autos gern, und wir hatten mal ein VW Cabrio.“

(Malstift auf Papier)

(Bleistift auf Papier)

Leon Herz, 14 Jahre alt, aus Plittersdorf. (Aquarell auf Papier)

„Mein Bild zeigt den VW Bus von meinem Opa. Explizit verbinde ich mit dem VW Bus tolle Erinnerungen an Urlaube und Ausflüge."

Anis Demiri, 6 Jahre alt, aus Herrenberg. (Aquarell auf Leinwand)

„Mein Großvater fuhr einen alten Volkswagen."

Das Ende

Das Ende für einen neuen Anfang. So viele neue Ideen, die noch auf uns zukommen werden. Sei es durch eine Neuauflage wie des legendären Beetle oder durch etwas ganz anderes. Die Technologie wird immer weiterentwickelt. Nicht nur, um die höchste Sicherheit zu gewährleisten, sondern auch, um mit der Zeit zu gehen. Ich möchte mich an dieser Stelle bei allen nochmals bedanken, die sich dieses Buch gekauft haben und wünsche viel Freude damit.

Mario Grau, 32 Jahre alt, aus BaWü. (Acryl auf Leinwand)

„Weil ich es Liebe."

Vernissage

time for change

1.3.23 - 30.6.23

Ettenheim

mariograuofficial / www.mariograu.com

CPSIA information can be obtained
at www.ICGtesting.com
Printed in the USA
LVHW081923220323
742311LV00009B/699

9 781447 807377